人邮体育

—— 功能性健身动作指导丛书 ——

药球训练全书

朱昌宇◎编著

人民邮电出版社
北京

图书在版编目（CIP）数据

药球训练全书 / 朱昌宇编著. -- 北京 : 人民邮电出版社, 2021.2
（功能性健身动作指导丛书）
ISBN 978-7-115-53047-9

Ⅰ. ①药… Ⅱ. ①朱… Ⅲ. ①球类运动—健身运动
Ⅳ. ①G84

中国版本图书馆CIP数据核字(2020)第001172号

免责声明

本书内容旨在为大众提供有用的信息。所有材料（包括文本、图形和图像）仅供参考，不能用于对特定疾病或症状的医疗诊断、建议或治疗。所有读者在针对任何一般性或特定的健康问题开始某项锻炼之前，均应向专业的医疗保健机构或医生进行咨询。作者和出版商都已尽可能确保本书技术上的准确性以及合理性，且并不特别推崇任何治疗方法、方案、建议或本书中的其他信息，并特别声明，不会承担由于使用本出版物中的材料而遭受的任何损伤所直接或间接产生的与个人或团体相关的一切责任、损失或风险。

内 容 提 要

本书首先介绍了药球训练的基础知识，接着采用专业运动员真人示范、分步骤图解的形式，对70个药球练习动作的目标肌群、锻炼步骤和动作要点进行了讲解。最后，本书提供了10个具有针对性的训练计划，旨在帮助有减脂塑形、提升运动表现和预防运动损伤等不同训练目标的锻炼者获得理想的锻炼效果。

◆ 编　　著　朱昌宇
责任编辑　刘　蕊
责任印制　周昇亮
◆ 人民邮电出版社出版发行　　北京市丰台区成寿寺路 11 号
邮编　100164　　电子邮件　315@ptpress.com.cn
网址　https://www.ptpress.com.cn
天津图文方嘉印刷有限公司印刷
◆ 开本：700×1000　1/16
印张：7.5　　2021 年 2 月第 1 版
字数：184 千字　　2021 年 2 月天津第 1 次印刷

定价：49.80 元

读者服务热线：(010)81055296　印装质量热线：(010)81055316
反盗版热线：(010)81055315
广告经营许可证：京东市监广登字 20170147 号

目录

第1章　认识药球

第2章　持球训练

第5章 训练计划

第1章

认识药球

药球简介

药球，通常也被称为重力球、健身球、强力球或旋风球，其直径一般为 35 厘米左右。药球的表面一般由皮革制成，也有使用乙烯材料、尼龙材料或橡胶材料的。药球内有填充物，其重量决定了药球的规格，从 1 千克到 10 千克不等。通常，男用药球为 3 ~ 4 千克，女用药球为 2 千克。药球的外形也多种多样，有单耳药球、双耳药球、带绳索的药球等。药球可以用作医疗辅助用具，帮助病人进行康复训练，还可以用在健身领域，提高肌肉力量。如今在全世界范围内，药球运动越来越受欢迎。

药球的诞生和发展

药球是历史最为悠久的力量训练工具之一。关于它的起源，一种说法是，在古希腊时期战士训练时，会把石头或金属制作成球状，并在球面涂抹类似于兴奋剂的药末，这样的球体被投掷时会散发味道，使战士保持兴奋状态；还有一种说法是，药球是古希腊名医希波克拉底制造出来的，他将动物皮毛缝制成球形，用沙粒填充内部，让病人来回投掷这些球，这种温和的运动方式让病人在不受到伤害的情况下，进行康复训练。

药球的英文名称为“Medicine Ball”。随着现代健身运动的兴起和发展，药球越来越受人们欢迎，和哑铃、瓶状棒、箭靶共同被誉为“健身四骑士”。

药球的功能

药球的功能很多，在医学领域能帮助病人进行身体康复，而在健身领域，则经常被用在提高力量和爆发力的训练中。对于专业的运动员，药球可用于各种专项的特定训练。药球的主要功能如下。

1. 增强上肢和胸部肌肉的力量和爆发力

练习者可以通过俯卧持球的方式进行上肢推的训练，强化上肢和胸部的力量；还可以通过上肢末端快速释放的方式进行上肢推的训练，提高上肢和胸部的爆发力。

2. 增强腹部肌肉的力量

练习者可以通过不同体位持球进行腹部收缩的训练，提高腹部的力量；或者通过药球冲击腹部的训练，提高腹部的力量（例如，用腹部将投掷过来的药球反弹回去）。

3. 强化核心力量和爆发力

各种体位药球动作需要严格控制躯干。涉及核心控制的练习以及专门的核心区练习，可以提高核心力量和核心爆发力。

4. 提高身体代谢能力

在各种推、抛、砸等药球动作中，练习者可以进行长时间中低强度的单一或组合动作的持续训练，以提高心肺耐力；还可以进行高强度的单一或组合动作的间歇训练，以提高无氧代谢能力。

5. 减脂和塑形

循环性或长时间的药球训练可以燃烧身体多余的脂肪，降低体脂含量，同时还可以塑造肌肉形态。

6. 损伤恢复

患者可以使用药球进行康复训练，恢复损伤部位的肌肉力量和功能。

药球的选择

在训练中，药球可以被用来提升力量和爆发力。提升爆发力的关键在于发力的速度和姿势。如果药球过重，姿势很难控制，无法保证动作的流畅性，就谈不上速度，更遑论提升爆发力了。因此，在药球重量的选择上，并不是越重越好。前文已提到，男生通常用 4 千克的药球，女生通常用 2 千克的药球。对于初学者来说，尽量使用重量较轻一些的药球。

药球的种类

根据外形的不同，药球被分为不同的种类。

1. 实心药球

实心药球没有把手，不利于单手操作。但实心药球弹性很好，在下砸时会有很好的回弹效果。因此，可用于一些下砸动作中。

2. 单耳药球和双耳药球

这类药球有一个或两个手柄，训练者可以抓住手柄进行药球的回旋运动。手柄有在药球表面的，也有嵌在药球内部的。其中，手柄嵌入内部的药球，被抓握时更加牢固。

3. 带有绳索的药球

药球内部或两端配有绳子，这样的药球被称为强力球或旋风球。使用者可抓住绳子做药球摇摆和旋转的动作。为了安全起见，绳子的长度要合适，至少可以缠绕在手部上。绳子越长，训练时需要的力量越大。

药球训练的注意事项

如果有较多的推、抛、砸等动作，应在较大的活动空间，确保周围没有其他人的情况下使用药球，从而保证自己和他人的人身安全。

FITT 原则

“FITT”原则是训练所遵循的基本原则，由四个英文单词的首字母组成，这个原则是训练者制订训练计划的参考基础。

FITT 分别代表频率（Frequency）、强度（Intensity）、时间（Time）和类型（Type）。根据 FITT 原则来控制练习的变量，不断调整训练计划，既可以有效提高训练效果，也避免了一成不变的训练计划带来的枯燥感。

1. 频率

“频率”是指训练者多长时间训练一次。训练次数是叠加的，例如，如果训练者每周训练 4 天，每天训练 1 次，那么该训练者的频率就是每周 4 次训练。如果训练者每周训练 3 天，每天训练 2 次，那么其频率就是每周 6 次训练。一般来说，每周至少需要训练 4 次。

2. 强度

“强度”指的是训练者进行训练的剧烈程度。训练者可佩戴心率监测器，用心率来衡量强度，这是目前最为普遍的方法。训练的强度用实际心率与最大心率的百分比来表示，训练强度较高时训练者的心率较高；反之则较低。

最大心率（MHR）的计算方法如下：男性用 220 减去自己的年龄；女性用 226 减去自己的年龄。例如，一名 40 岁男性的最大心率为 180（220-40=180）次 / 分，而一名 40 岁女性的最大心率为 186（226-40=186）次 / 分。

训练强度不同，训练者的心率也不同。当训练者处于热身阶段时，实际心率可达到最大心率的 50% ~ 60%；燃脂期间实际心率可达到最大心率的 60% ~ 70%；进行耐力训练或有氧训练时，实际心率可达到最大心率的 70% ~ 80%；进行最大力量训练时，实际心率可达到最大心率的 90% ~ 100%，训练者在这一阶段只能间歇进行训练。

强度越高，消耗的总热量越多，其中约 50%来源于脂肪，50%来源于碳水化合物，还有不到 1%来源于蛋白质。

另外，强度也可以指训练时对身体施加压力的量。

频率和强度共同决定总的训练量。当训练是固定时，二者呈反比关系。训练频率高，强度应低；反之亦然。

3. 时间或持续时间

“时间”或“持续时间”是指训练者的任意一次训练的时间长度。在这里，时间不单纯是指用分钟来表示的时间，它还包含完成动作的节奏、速度等因素，这些因素都会影响练习者的总运动量。在同样时间内，节奏快、速度快，则总运动量更大。

4. 类型

“类型”是指训练类型，比如跑步、游泳、药球训练等，都属于不同的训练类型。每种类型训练都有不同的特点，能够达到不同的健身效果。训练者可根据这些特点来选择适合自己的运动类型。

第2章

持球训练

药球 – 过顶下砍

Medicine Ball–Overhead Chop

目标肌群 Primary Targets

背阔肌、大圆肌、三角肌后束

指导要点 Tips

核心收紧，保持躯干挺直。

动作步骤 Execution

01 直立，双脚分开，大于肩宽。双肘屈曲，手持药球于胸前。

02 手持药球向上举至头部上方，双肘微屈。

03 全程保持核心收紧，背部挺直。快速下蹲，同时手持药球向下砍。随后起身，回到起始姿势。重复规定的次数。

STEP 01

STEP 02

双臂向上举过头顶

STEP 03

向下砍

药球－站姿－旋转推举－对角线

Medicine Ball-Standing-Rotation and Press-Diagonal

STEP 01

目标肌群 Primary Targets

臀大肌、股四头肌、腘绳肌、三角肌、肱三头肌、腹内斜肌、腹外斜肌

指导要点 Tips

核心收紧，保持身体平衡。

动作步骤 Execution

01 直立，双脚分开，大于肩宽。双肘屈曲，手持药球于胸前。

02 屈髋屈膝，向左侧转体，重心移至左脚，同时将药球移至左侧。

03 全程保持核心收紧，背部挺直。伸髋伸膝，向右侧转体，重心移至右脚，同时伸展肘关节，将药球举至头顶的右上方。随后回到起始姿势。重复规定的次数，对侧亦然。

STEP 02

STEP 03

药球－站姿－胸前8字环绕

Medicine Ball–Standing–Figure 8 Rotation

目标肌群 Primary Targets

肱二头肌、肱三头肌、肩关节周围肌群和核心肌群

指导要点 Tips

核心收紧，保持身体稳定。

动作步骤 Execution

01 直立，双脚分开，与肩同宽。双肘屈曲，手持药球于胸前。

02 ～ 06

全程保持核心收紧，背部挺直。将药球依次移至腰部左侧、腰部右侧、胸前、头部左侧和头部右侧。继续移动药球至胸前，完成8字形环绕（图中未展示）。重复规定的次数，反方向亦然。

药球 – 单腿站姿 – 胸前 8 字环绕

Medicine Ball–Standing–Figure 8 Rotation–Single Leg

目标肌群 Primary Targets

肱二头肌、肱三头肌、肩关节周围肌群和核心肌群

指导要点 Tips

核心收紧，保持身体稳定。

动作步骤 Execution

01 直立，单脚撑地。双肘屈曲，手持药球于胸前。

02 ～ 06 全程保持核心收紧，背部挺直。将药球依次移至腰部左侧、腰部右侧、胸前、头部左侧和头部右侧。继续移动药球至胸前，完成8字形环绕（图中未展示）。重复规定的次数，反方向亦然。然后换对侧腿支撑并重复上述动作。

药球 – 站姿 – 胸前画圈

Medicine Ball–Standing–Circle–Front Chest

目标肌群 Primary Targets

肩关节周围肌群和核心肌群

指导要点 Tips

核心收紧，保持身体稳定。

动作步骤 Execution

01 直立，双脚分开，与肩同宽。双臂伸直，手持药球于髋部前方。

02 ～ 06 全程保持核心收紧，背部挺直。以画圆的方式将药球依次移至腰部左侧、头部左侧、头部正上方、头部右侧和腰部右侧。继续移动药球至髋部前方，完成圆形环绕（图中未展示）。重复规定的次数，反方向亦然。

STEP 01

STEP 02

药球在胸前按圆形轨迹进行环绕

STEP 03

STEP 04

STEP 05

STEP 06

药球－深蹲跳

Medicine Ball−Squat Jump

STEP 01

目标肌群 Primary Targets

臀大肌、股四头肌、腘绳肌、腓肠肌、比目鱼肌和核心肌群

指导要点 Tips

下蹲时重心后移，膝关节不超过脚尖；膝关节和脚尖方向保持一致。

动作步骤 Execution

01 直立，双脚分开，大于肩宽。双肘屈曲，手持药球于胸前。

02 屈髋屈膝，向下深蹲至大腿与地面接近平行。

03 全程保持核心收紧，背部挺直。快速地伸髋伸膝，向上跳起。落地时屈髋屈膝（图中未展示）。随后回到起始姿势。重复规定的次数。

STEP 02

向下蹲

STEP 03

向上跳

药球 – 相扑深蹲 – 过顶上举

Medicine Ball–Sumo Squat–Overhead Press

目标肌群 Primary Targets

肱三头肌、三角肌前束、臀大肌、腘绳肌、股四头肌、髋内收肌

指导要点 Tips

下蹲时重心后移，膝关节不超过脚尖；膝关节和脚尖方向保持一致。

动作步骤 Execution

01 直立，双脚分开，大于肩宽。双肘屈曲，手持药球于胸前。

02 屈髋屈膝，向下深蹲至大腿与地面接近平行。

03 全程保持核心收紧，背部挺直。起身直立，同时手持药球向上举至头部上方，双臂伸直。随后回到起始姿势。重复规定的次数。

STEP 01

STEP 02

向下深蹲

STEP 03

恢复站姿，双臂上举

药球－靠墙画圈

Medicine Ball–Circle–Against Wall

STEP 01

目标肌群 Primary Targets

胸大肌、肱三头肌、前臂肌群和肩关节周围肌群

指导要点 Tips

躯干直立，保持肩关节、髋关节和膝关节呈一条直线。

动作步骤 Execution

01 面向墙壁，双膝跪于垫上，上半身与大腿垂直于地面。右手将药球按压于墙上与肩部同高的位置。

02 ～ 05

全程保持核心收紧，背部挺直。右手保持向墙壁方向用力，同时以圆形轨迹在墙面上移动药球。将药球移动一圈至起始姿势，完成1次练习。重复规定的次数，对侧亦然。

STEP 02

STEP 03

STEP 04

STEP 05

药球－前弓步走

Medicine Ball–Forward Lunge–Walk

STEP 01

目标肌群 Primary Targets

臀大肌、腘绳肌、股四头肌、腓肠肌、比目鱼肌和核心肌群

指导要点 Tips

保持核心收紧，身体直立稳定；膝关节与脚尖方向一致朝前；避免前侧膝关节位置超过脚尖。

动作步骤 Execution

01 直立，双脚分开。双肘屈曲，手持药球于腹部前方。

02 ～ 03

全程保持核心收紧，背部挺直。左脚向前呈弓步姿势，双膝均屈曲约90度，同时手持药球移至髋部左侧。随后起身，右脚向前呈弓步姿势，双膝均屈曲约90度，同时手持药球移至髋部右侧。双脚交替向前，完成规定的距离。随后回到起始姿势。重复规定的次数。

STEP 02

STEP 03

药球 – 弓步交换跳

Medicine Ball–Lunge Jump–Alternate

目标肌群 Primary Targets

臀大肌、腘绳肌、股四头肌、腓肠肌、比目鱼肌和核心肌群

指导要点 Tips

保持核心收紧，身体直立稳定；膝关节与脚尖方向一致朝前；避免前侧膝关节位置超过脚尖。

动作步骤 Execution

01 直立，双脚分开，与肩同宽。双肘屈曲，手持药球于腹部前方。

02 左脚向前呈弓步姿势，双膝均屈曲约90度，同时手持药球移至髋部左侧。

03 ～ 04

全程保持核心收紧，背部挺直。伸髋伸膝，向上跳跃，在空中交换双腿位置，同时手持药球移至腹部前方。落地，右脚在前呈弓步姿势，双膝均屈曲约90度，同时手持药球移至髋部右侧。重复规定的次数。

STEP 01

STEP 02

STEP 03

STEP 04

药球－弓步－躯干旋转

Medicine Ball–Lunge–Torso Rotation

目标肌群 Primary Targets

臀大肌、腘绳肌、股四头肌、腓肠肌、比目鱼肌和核心肌群

指导要点 Tips

保持核心收紧，身体直立稳定；膝关节与脚尖方向一致朝前；避免前侧膝关节位置超过脚尖。

动作步骤 Execution

01 直立，双脚分开，小于肩宽。双肘屈曲，手持药球于胸前。

02 全程保持核心收紧，背部挺直。右脚向前呈弓步姿势，膝关节屈曲约90度，同时上半身向右侧旋转。随后回到起始姿势。重复规定的次数，对侧亦然。

STEP 01

STEP 02

药球－深蹲

Medicine Ball–Squat

目标肌群 Primary Targets

腘绳肌、股四头肌和臀大肌

指导要点 Tips

下蹲时重心后移，膝关节不超过脚尖；膝关节与脚尖方向一致朝前。

动作步骤 Execution

01 直立，双脚分开，大于肩宽。双臂伸直，手持药球于胸前。

02 全程保持核心收紧，背部挺直。屈髋屈膝，向下深蹲至大腿与地面接近平行。回到起始姿势。重复规定的次数。

STEP 01

STEP 02

药球 – 前弓步 – 胯下传球

Medicine Ball–Forward Lunge–Cross–Leg Pass

STEP 01　　STEP 02　　STEP 03

STEP 04

STEP 05

身体恢复直立

目标肌群
Primary Targets

臀大肌、腘绳肌、股四头肌、腓肠肌、比目鱼肌和核心肌群

指导要点
Tips

保持核心收紧，身体直立稳定；膝关节与脚尖方向一致朝前；避免前侧膝关节位置超过脚尖。

动作步骤
Execution

01 直立，双脚分开，小于肩宽。双肘屈曲，手持药球于胸前。

02 右脚在前呈弓步姿势，膝关节屈曲约90度，同时右手持药球，右臂自然垂于身体右侧。

03 ～ 04
全程保持核心收紧，背部挺直。在胯下将药球由右手移至左手，随后左臂自然垂于身体左侧。

05 回到起始姿势。重复规定的次数，对侧亦然。

药球－波比跳

Medicine Ball–Burpee

目标肌群

Primary Targets

全身肌群

指导要点

Tips

连贯且流畅地完成这一爆发力动作，保持身体稳定。

动作步骤 Execution

01 双手撑于药球上，双脚撑于地面。双臂伸直，身体呈一条直线。

02 身体下降至胸部轻触药球。

03 双臂伸直，同时屈髋屈膝，将双腿向前收。

04 伸髋伸膝，向上跳跃，同时手持药球向上举至头部上方，双臂伸直。

05 落地，双臂屈曲，将药球移至胸前。随后回到起始姿势。重复规定的次数。

STEP 01

STEP 02

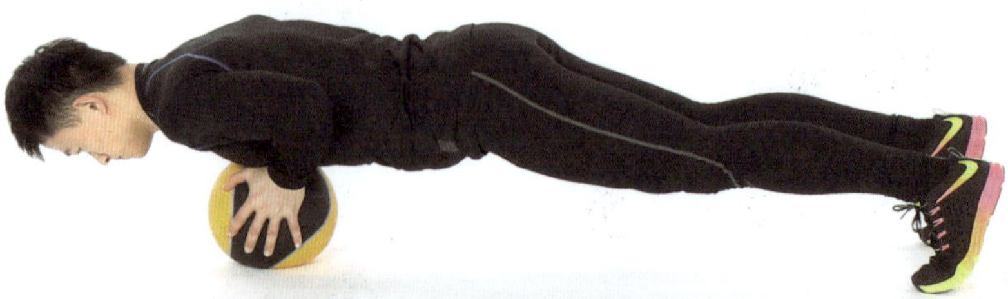

STEP 03

起身

STEP 04

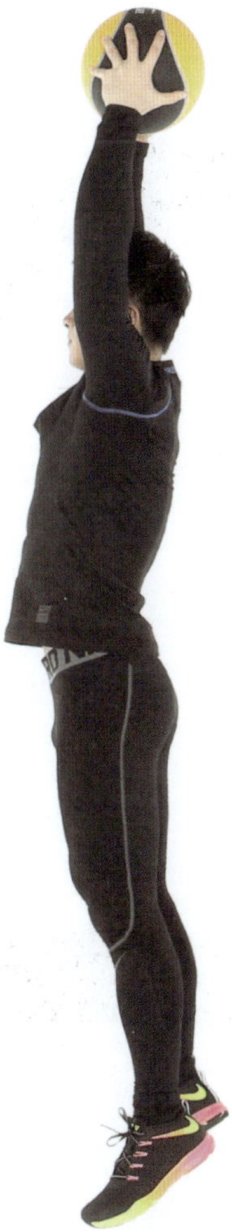

跳起

STEP 05

药球 – 单球俯卧撑

Medicine Ball–Push Up–Single Ball

目标肌群 Primary Targets

胸大肌、三角肌前束、肱三头肌和核心肌群

指导要点 Tips

保持身体呈一条直线。

动作步骤 Execution

01 双手撑于药球上，双脚撑于地面，双臂伸直，身体呈一条直线。

02 身体下降至胸部轻触药球。随后将身体向上推，回到起始姿势。重复规定的次数。

STEP 01

STEP 02

药球 – 单球单臂俯卧撑

Medicine Ball–Push Up –Single Ball–Single Arm

目标肌群 Primary Targets

胸大肌、三角肌前束、肱三头肌和核心肌群

指导要点 Tips

保持身体呈一条直线。

动作步骤 Execution

01 左手撑于药球上，右手和双脚撑于地面，右臂伸直，身体呈一条直线。

02 身体下降至左肘屈曲约90度。随后将身体向上推，回到起始姿势。重复规定的次数，对侧亦然。

STEP 01

STEP 02

药球－单球交替俯卧撑

Medicine Ball–Push Up–Single Ball–Alternate

目标肌群 Primary Targets

胸大肌、三角肌前束、肱三头肌和核心肌群

指导要点 Tips

保持身体呈一条直线。

动作步骤 Execution

01 右手撑于药球上，左手和双脚撑于地面，左臂伸直，身体呈一条直线。

02 身体下降至右肘屈曲约90度。

03 将身体向上推至左臂伸直，并将药球移至左手下方，此时左手撑于药球上，右手撑于地面，右臂伸直。

04 身体下降至左肘屈曲约90度。随后将身体向上推至右臂伸直，并将药球移至右手下方，回到起始姿势。重复规定的次数。

STEP 01

STEP 02

STEP 03

STEP 04

药球－双球俯卧撑

Medicine Ball–Push Up–Double Balls

目标肌群 Primary Targets

胸大肌、三角肌前束、肱三头肌和核心肌群

指导要点 Tips

保持身体呈一条直线。

动作步骤 Execution

01 双手各撑于一个药球上，双脚撑于地面，双臂伸直，身体呈一条直线。

02 身体下降至双肘屈曲约90度。随后将身体向上推，回到起始姿势。重复规定的次数。

STEP 01

STEP 02

药球－单球脚撑俯卧撑

Medicine Ball–Push Up–Single Ball–Feet Support

目标肌群 Primary Targets

胸大肌、三角肌前束、肱三头肌和核心肌群

指导要点 Tips

保持身体呈一条直线。

动作步骤 Execution

01 双手撑于地面，双脚撑于药球上。双臂伸直，身体呈一条直线。

02 身体下降至双肘屈曲约90度。然后将身体向上推，回到起始姿势。重复规定的次数。

STEP 01

STEP 02

药球－平板支撑

Medicine Ball–Plank

目标肌群 Primary Targets

核心肌群

指导要点 Tips

保持身体呈一条直线。

动作步骤 Execution

双手撑于药球上且位于肩部正下方，双脚撑于地面，双臂伸直，身体呈一条直线。核心收紧，保持规定的时间。

药球 – 单腿平板支撑

Medicine Ball-Plank-Single Leg

目标肌群 Primary Targets

核心肌群

指导要点 Tips

保持身体呈一条直线；

控制身体稳定。

动作步骤 Execution

双手撑于药球上且位于肩部正下方，左脚撑于地面，右脚稍稍抬离地面，双臂伸直，身体呈一条直线。核心收紧，保持规定的时间。对侧亦然。

药球 - 单手平板支撑

Medicine Ball-Plank-Single Arm

目标肌群 Primary Targets

核心肌群

指导要点 Tips

保持身体稳定且呈一条直线。

动作步骤 Execution

右手撑于药球上且位于肩部正下方，左手置于体侧，双脚撑于地面，右臂伸直，身体呈一条直线。核心收紧，保持规定的时间。对侧亦然。

药球－平板支撑－髋内收肌挤压练习

Medicine Ball–Plank–Squeeze Ball

目标肌群 Primary Targets

核心肌群和髋内收肌

指导要点 Tips

保持身体呈一条直线。

动作步骤 Execution

双手和双脚撑于地面且位于肩部正下方，双臂伸直，身体呈一条直线。核心收紧，将药球置于大腿之间，向内用力挤压药球。保持规定的时间。

药球－侧卧－直臂转髋

Medicine Ball–Lateral Lying–Hip Rotation–Straight Arm

目标肌群 Primary Targets

肩关节周围肌群和下腰背肌群

指导要点 Tips

保持核心收紧，持球侧手臂始终垂直于地面。

动作步骤 Execution

01 侧卧于垫上，头部枕于向头顶方向伸直的左臂上，右手持药球上举至右臂与地面垂直。

02 保持手臂姿势不变，身体向地面旋转至双腿均接触地面。随后回到起始姿势。重复规定的次数，对侧亦然。

STEP 01

STEP 02

药球 – 椅式深蹲

Medicine Ball–Chair Squat

目标肌群 Primary Targets

臀大肌、股四头肌和腘绳肌

指导要点 Tips

保持核心收紧和身体稳定；膝关节与脚尖方向一致朝前。

动作步骤 Execution

01 直立，双脚分开，与肩同宽。双肘屈曲，手持药球于胸部前方。

02 全程保持核心收紧，背部挺直。屈髋屈膝，向下深蹲至臀部接触椅子。

03 起身，回到起始姿势。重复规定的次数。

STEP 01　STEP 02　STEP 03

第3章

砸球训练

药球 – 跪姿 – 旋转过顶砸球

Medicine Ball–Kneeling–Rotation–Overhead Slam

目标肌群

Primary Targets

背阔肌、腹直肌、腹内斜肌、腹外斜肌、腹横肌和肩关节周围肌群

指导要点

Tips

保持核心收紧和身体稳定。

动作步骤 Execution

01 双膝跪于垫上，上半身和大腿垂直于地面。双肘屈曲，手持药球于腹部前方。

02 ～ 04

髋部和躯干发力，上半身先向右侧旋转，双手持球快速从髋部右侧向右上方移动，并向左环绕过头顶至左上方，同时躯干随之向左旋转。

05 利用腹部和上背部肌肉力量，双手尽可能快速地将药球砸向身体左侧的地面。随后回到起始姿势。重复规定的次数，对侧亦然。

STEP 01

STEP 02

STEP 03

STEP 04

STEP 05

药球－半跪姿－旋转过顶砸球

Medicine Ball–Half Kneeling–Rotation–Overhead Slam

目标肌群

Primary Targets

背阔肌、腹直肌、腹内斜肌、腹外斜肌、腹横肌和肩关节周围肌群

指导要点

Tips

保持核心收紧和身体稳定。

动作步骤 Execution

01 身体呈半跪姿，双膝屈曲90度，左脚踩于地面，右膝跪于垫上。躯干和右侧大腿垂直于地面。双肘屈曲，手持药球于腹部前方。

02 ～ 04

髋部和躯干发力，上半身先向右侧旋转，双手持球快速地从髋部右侧向右上方移动，并向左环绕过头顶至左上方，同时躯干随之向左旋转。

05 利用腹部和上背部肌肉力量，双手尽可能快速地将药球砸向身体左侧的地面。随后回到起始姿势。重复规定的次数，对侧亦然。

STEP 01

STEP 02

STEP 03

STEP 04

STEP 05

药球–跪姿–过顶砸球

Medicine Ball–Kneeling–Overhead Slam

目标肌群
Primary Targets

背阔肌、腹直肌、腹横肌和肩关节周围肌群

指导要点
Tips

保持核心收紧和身体稳定。

动作步骤 Execution

01 双膝跪于垫上，上半身和大腿垂直于地面。双肘屈曲，手持药球于腹部前方。

02 将药球经头顶移至头部后方。

03 手臂、肩背部和腹部发力，带动上半身前倾，同时双手尽可能快速地将药球砸向身体前方的地面。随后回到起始姿势。重复规定的次数。

STEP 01

STEP 02

STEP 03

药球 – 站姿 – 单臂过顶砸球

Medicine Ball–Standing–Overhead Slam–Single Arm

目标肌群 Primary Targets

背阔肌、腹直肌、腹横肌和肩关节周围肌群

指导要点 Tips

保持核心收紧和身体稳定。

动作步骤 Execution

01 直立，双脚分开，与肩同宽。双肘屈曲，手持药球于髋部前方。

02 右手将药球举至头顶的右上方，同时重心右移，左脚脚跟离地。

03 手臂、肩背部和腹部发力，带动上半身前倾，脚跟向下踩，同时右手快速地向身体前方的地面下砸药球。随后回到起始姿势。重复规定的次数，对侧亦然。

药球－分腿姿－旋转过顶砸球

Medicine Ball–Split Standing–Rotation–Overhead Slam

目标肌群

Primary Targets

背阔肌、腹直肌、腹内斜肌、腹外斜肌、腹横肌和肩关节周围肌群

指导要点

Tips

保持核心收紧和身体稳定。

动作步骤 Execution

01 直立，双脚分开，左脚在前，呈分腿姿。双肘屈曲，手持药球于腹部前方。

02 ～ 04

髋部和躯干发力，上半身先向右侧旋转，双手持球快速地从髋部右侧向右上方移动，并向左环绕过头顶左上方，同时躯干随之向左旋转。

05 利用腹部和上背部肌肉力量，双手尽可能快速地将药球砸向身体左侧的地面。随后回到起始姿势。重复规定的次数，对侧亦然。

STEP 01

STEP 02

STEP 03

STEP 04

STEP 05

药球－站姿－旋转过顶砸球

Medicine Ball–Standing–Rotation–Overhead Slam

目标肌群

Primary Targets

背阔肌、腹直肌、腹内斜肌、腹外斜肌、腹横肌和肩关节周围肌群

指导要点

Tips

保持核心收紧和身体稳定。

动作步骤 Execution

01 直立，双脚分开，与肩同宽。双肘屈曲，手持药球于腹部前方。

02 ～ 04

髋部和躯干发力，上半身先向右侧旋转，双手持球快速地从髋部右侧向右上方移动，并向左环绕过头顶左上方，同时躯干随之向左旋转。

05 利用腹部和上背部肌肉力量，双手尽可能快速地将药球砸向身体左侧的地面。随后回到起始姿势。重复规定的次数，对侧亦然。

STEP 01

STEP 02

STEP 03

STEP 04

STEP 05

药球 – 单腿站姿 – 旋转过顶砸球

Medicine Ball–Standing–Rotation–Overhead Slam–Single Leg

目标肌群

Primary Targets

背阔肌、腹直肌、腹内斜肌、腹外斜肌、腹横肌和肩关节周围肌群

指导要点

Tips

保持核心收紧和身体稳定。

动作步骤 Execution

01 直立，右腿撑地，左腿屈髋屈膝并抬至大腿与地面平行。双肘屈曲，手持药球于腹部前方。

02 ～ 04

髋部和躯干发力，上半身先向右侧旋转，双手持球快速地从髋部右侧向右上方移动，并向左环绕过头顶左上方，同时躯干随之向左旋转。

05 利用腹部和上背部肌肉力量，双手尽可能快速地将药球砸向身体左侧的地面。随后回到起始姿势。重复规定的次数，对侧亦然。

STEP 01

STEP 02

STEP 03

STEP 04

STEP 05

药球－站姿－过顶砸球

Medicine Ball–Standing–Overhead Slam

目标肌群
Primary Targets

背阔肌、腹直肌、腹横肌和肩关节周围肌群

指导要点
Tips

保持核心收紧和身体稳定。

动作步骤 Execution

01 直立，双脚分开，与肩同宽。双肘屈曲，手持药球于髋部前方。

02 将药球经头顶移至头部后方。

03 ～ 04

手臂、肩背部和腹部发力，带动上半身前倾，同时双手尽可能快速地将药球砸向身体前方的地面。随后回到起始姿势。重复规定的次数。

STEP 01

STEP 02

STEP 03

STEP 04

药球－站姿－侧向砸球

Medicine Ball–Standing–Lateral Slam

目标肌群

Primary Targets

背阔肌、腹直肌、腹内斜肌、腹外斜肌、腹横肌和肩关节周围肌群

指导要点

Tips

保持核心收紧和身体稳定。

动作步骤 Execution

01 直立，双脚分开，大于肩宽。双肘屈曲，手持药球于腹部前方。

02 ～ 03

向左侧转体，重心移至左脚，同时将药球上举至头顶前方。随后向右侧转体，重心移至右脚，同时将药球快速地砸向身体右侧的地面。随后回到起始姿势。重复规定的次数，对侧亦然。

STEP 01

STEP 02

STEP 03

第4章

抛球训练

药球－分腿姿－胸前推球

Medicine Ball-Split Standing-Chest Pass

目标肌群

Primary Targets

胸大肌、三角肌前束、肱三头肌和核心肌群

指导要点

Tips

保持核心收紧和身体稳定。

动作步骤 Execution

01 采用分腿站姿，右脚在前，躯干挺直。双肘屈曲，手持药球于胸部前方。

02 双手尽可能快速地将药球向前推出。随后回到起始姿势。重复规定的次数，对侧亦然。

STEP 01

STEP 02

药球 – 站姿 – 胸前推球

Medicine Ball–Standing–Chest Pass

目标肌群

Primary Targets

胸大肌、三角肌前束、肱三头肌和核心肌群

指导要点

Tips

保持核心收紧和身体稳定。

动作步骤 Execution

01 直立，双脚分开，与肩同宽，身体挺直。双肘屈曲，手持药球于胸部前方。

02 双手尽可能快速地将药球向前推出。随后回到起始姿势。重复规定的次数。

STEP 01

STEP 02

药球－蹲姿－胸前推球

Medicine Ball–Squatting–Chest Pass

目标肌群

Primary Targets

胸大肌、三角肌前束、肱三头肌和核心肌群

指导要点

Tips

保持核心收紧和身体稳定。

动作步骤 Execution

01 1/4蹲姿，双脚分开，与肩同宽，躯干挺直。双肘屈曲，手持药球于胸部前方。

02 双手尽可能快速地将药球向前推出。随后回到起始姿势。重复规定的次数。

STEP 01

STEP 02

药球 - 单腿军步 - 胸前推球

Medicine Ball-Standing (Marching Hip Flexion)-Chest Pass

目标肌群

Primary Targets

胸大肌、三角肌前束、肱三头肌和核心肌群

指导要点

Tips

保持核心收紧和身体稳定。

动作步骤 Execution

01 直立，左腿撑地，右腿屈髋屈膝并抬至大腿与地面平行，身体挺直。双肘屈曲，手持药球于胸部前方。

02 双手尽可能快速地将药球向前推出。随后回到起始姿势。重复规定的次数，对侧亦然。

STEP 01

STEP 02

药球 – 分腿姿 – 过顶扔球

Medicine Ball–Split Standing–Overhead Throw

目标肌群

Primary Targets

肩关节周围肌群、肱三头肌、背阔肌和核心肌群

指导要点

Tips

保持核心收紧和身体稳定。

动作步骤 Execution

01 采用分腿站姿，右脚在前，躯干挺直。双肘屈曲，手持药球于胸部前方。

02 ～ 03

将药球移至头部后方，随后尽可能快速地将药球向前抛出。回到起始姿势。重复规定的次数，对侧亦然。

STEP 01

STEP 02

STEP 03

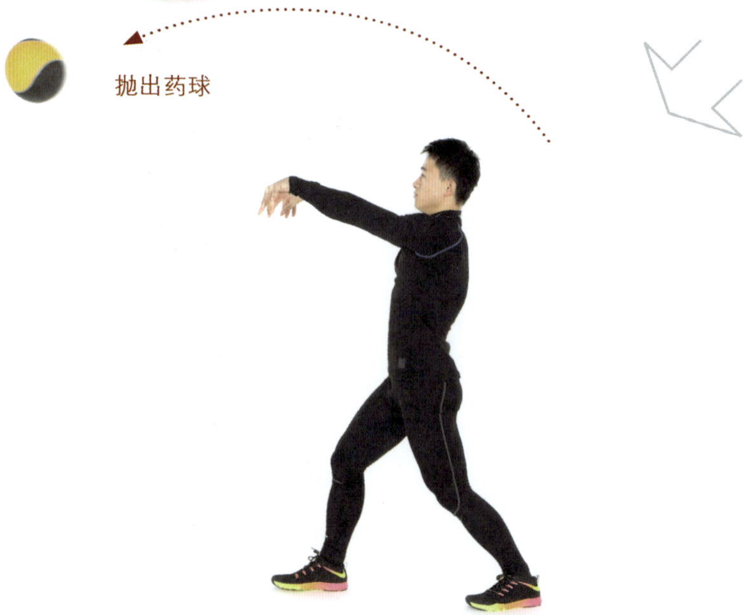

药球 – 站姿 – 过顶扔球

Medicine Ball–Standing–Overhead Throw

目标肌群

Primary Targets

肩关节周围肌群、肱三头肌、背阔肌和核心肌群

指导要点

Tips

保持核心收紧和身体稳定。

动作步骤 Execution

01 直立，双脚分开，与肩同宽，身体挺直。双肘屈曲，手持药球于胸部前方。

02 ～ 03 将药球移至头部后方，随后尽可能快速地将药球向前抛出。回到起始姿势，重复规定的次数。

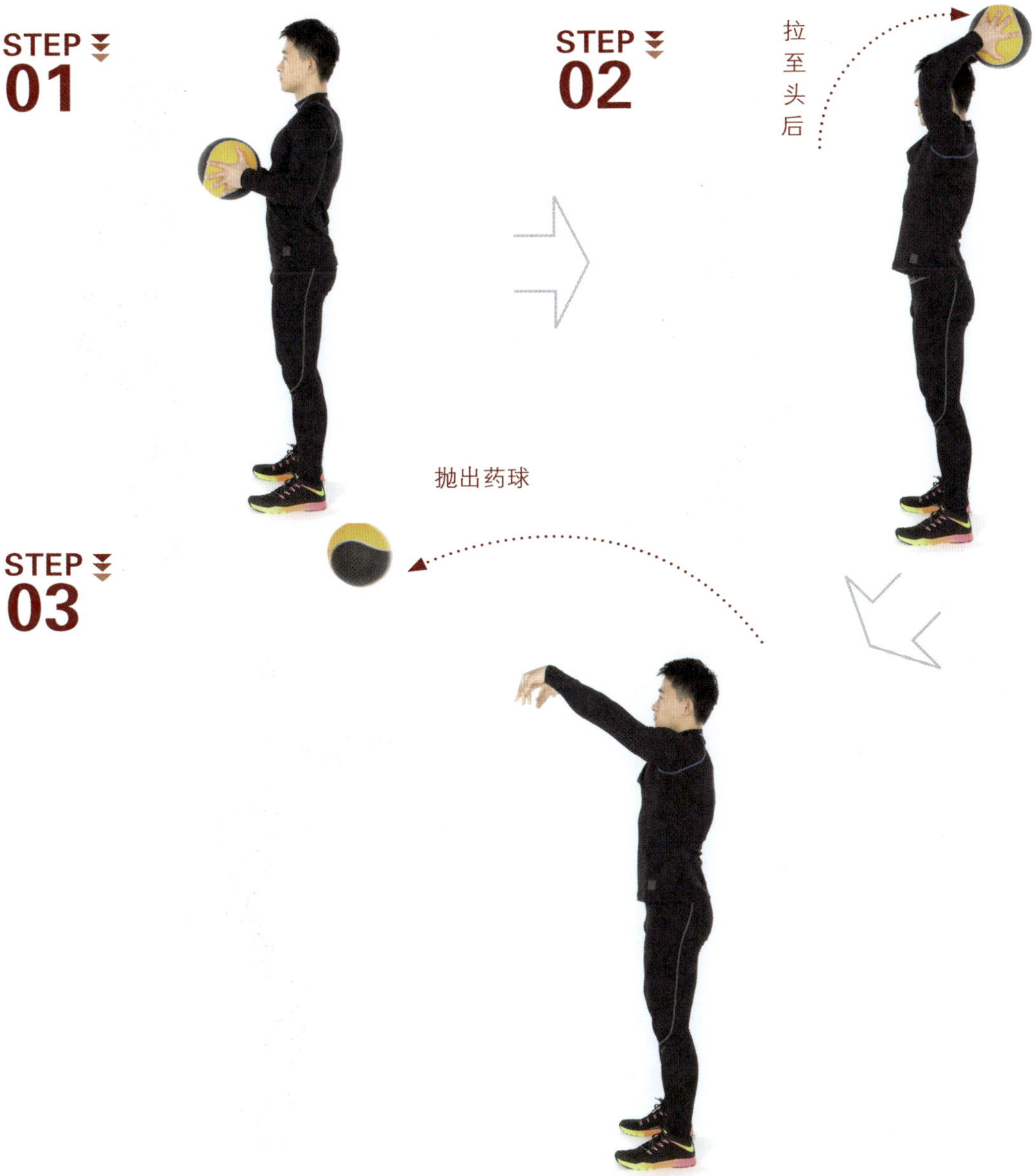

药球 – 蹲姿 – 过顶扔球

Medicine Ball–Squatting–Overhead Throw

目标肌群

Primary Targets

肩关节周围肌群、肱三头肌、背阔肌和核心肌群

指导要点

Tips

保持核心收紧和身体稳定。

动作步骤 Execution

01 1/4蹲姿，双脚分开，与肩同宽，躯干挺直。双肘屈曲，手持药球于腹部前方。

02 ～ 03

将药球移至头部后方，随后尽可能快速地将药球向前抛出。回到起始姿势。重复规定的次数。

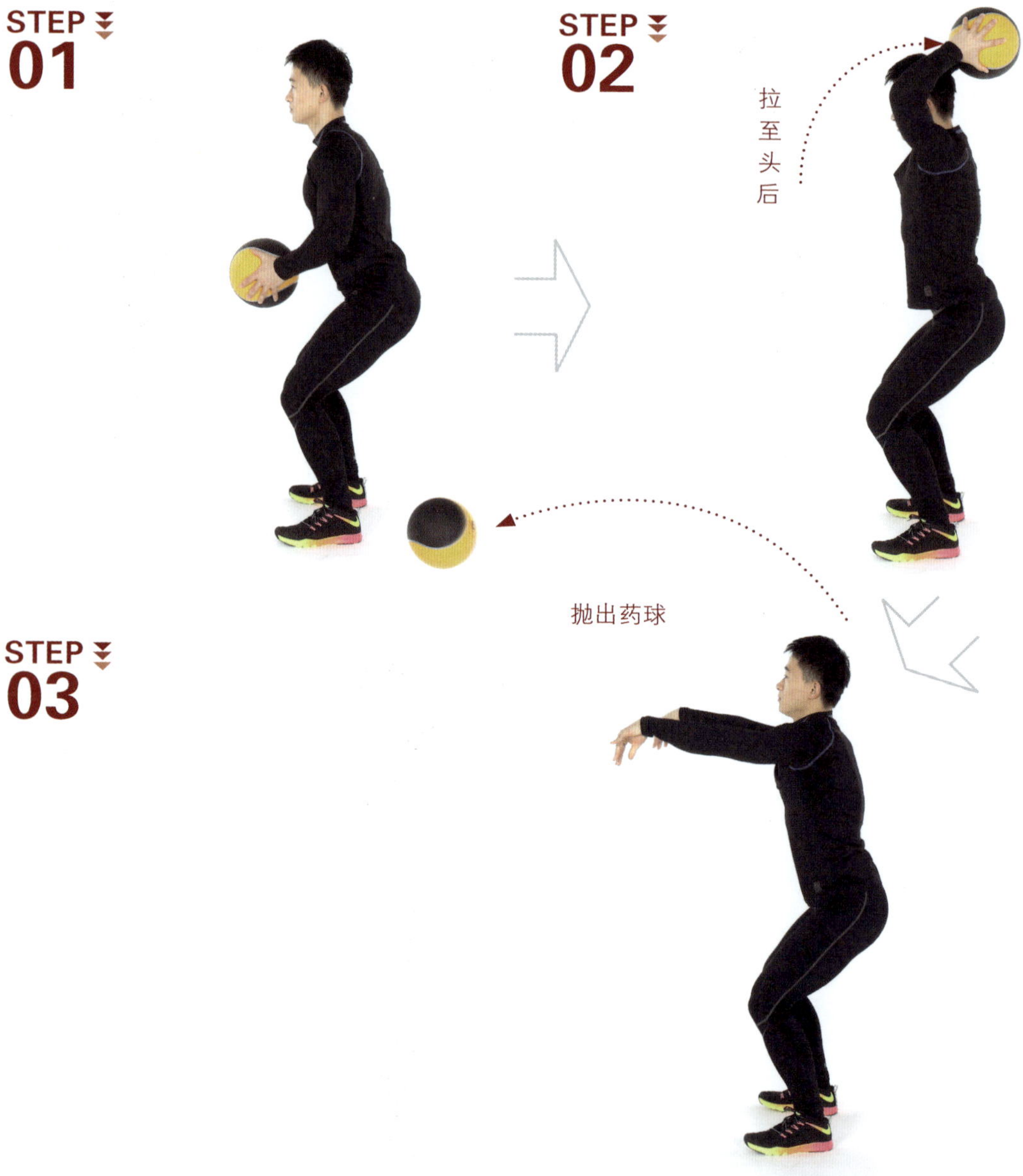

药球－分腿姿－旋转扔球－对侧

Medicine Ball–Split Standing–Rotation and Throw–Contralateral

目标肌群

Primary Targets

臀大肌、股四头肌、腹直肌、腹内斜肌、腹外斜肌和肩关节周围肌群

指导要点

Tips

保持核心收紧和身体稳定。

动作步骤 Execution

01 采用分腿站姿，右脚在前，躯干挺直。双肘屈曲，手持药球于腹部前方。

02 略屈髋屈膝，上半身向左侧旋转，同时双手持球移至髋部左侧。

03 下肢、髋部和躯干发力，伸髋伸膝，带动上半身转向前方，同时双手尽可能快速地将药球向前抛出。随后回到起始姿势。重复规定的次数，对侧亦然。

STEP 01

STEP 02

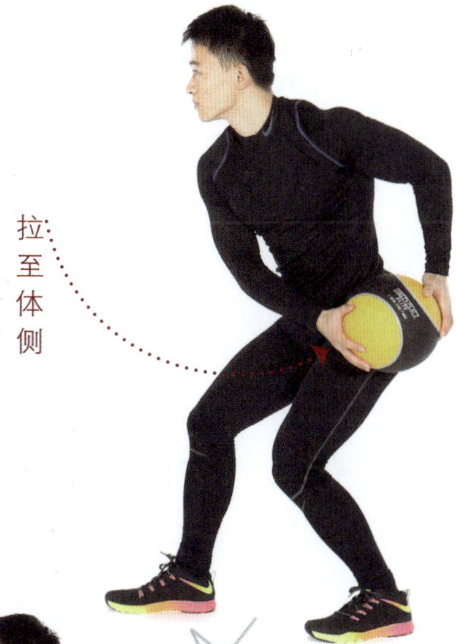

STEP 03

药球 – 分腿姿 – 旋转扔球 – 同侧

Medicine Ball–Split Standing–Rotation and Throw–Ipsilateral

目标肌群

Primary Targets

臀大肌、股四头肌、腹直肌、腹内斜肌、腹外斜肌和肩关节周围肌群

指导要点

Tips

保持核心收紧和身体稳定。

动作步骤 Execution

01 采用分腿站姿，左脚在前，躯干挺直。双肘屈曲，手持药球于腹部前方。

02 略屈髋屈膝，上半身向左侧旋转，同时双手持球移至髋部左侧。

03 下肢、髋部和躯干发力，伸髋伸膝，带动上半身转向前方，同时双手尽可能快速地将药球向前抛出。随后回到起始姿势。重复规定的次数，对侧亦然。

STEP 01

STEP 02

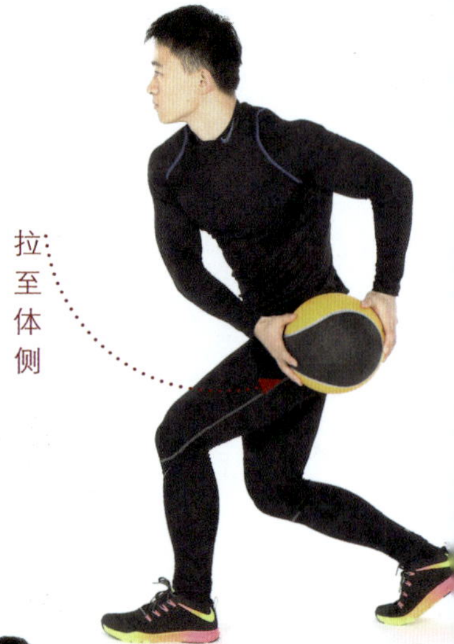

STEP 03

药球 – 站姿 – 旋转扔球

Medicine Ball–Standing–Rotation and Throw

目标肌群

Primary Targets

臀大肌、股四头肌、腹直肌、腹内斜肌、腹外斜肌和肩关节周围肌群

指导要点

Tips

保持核心收紧和身体稳定。

动作步骤 Execution

01 直立，双脚分开，与肩同宽，身体挺直。双肘屈曲，手持药球于腹部前方。

02 略屈髋屈膝，上半身向左侧旋转，同时双手持球移至髋部左侧。

03 下肢、髋部和躯干发力，伸髋伸膝，带动上半身转向前方，同时双手尽可能快速地将药球向前抛出。随后回到起始姿势。重复规定的次数，对侧亦然。

STEP 01

STEP 02

STEP 03

药球－单腿军步－旋转扔球－对侧

Medicine Ball–Standing (Marching Hip Flexion) Rotation and Throw–Contralateral

目标肌群

Primary Targets

臀大肌、股四头肌、腹直肌、腹内斜肌、腹外斜肌和肩关节周围肌群

指导要点

Tips

保持核心收紧和身体稳定。

动作步骤 Execution

01 直立，左腿撑地，右腿屈髋屈膝并抬至大腿与地面平行，身体挺直。双肘屈曲，手持药球于腹部前方。

02 上半身向左侧旋转，同时左腿略屈髋屈膝，双手持球移至髋部左侧。

03 下肢、髋部和躯干发力，左腿伸髋伸膝，带动上半身转向前方，同时左腿伸直，双手尽可能快速地将药球向前抛出。随后回到起始姿势，重复规定的次数，对侧亦然。

STEP 01

STEP 02

STEP 03

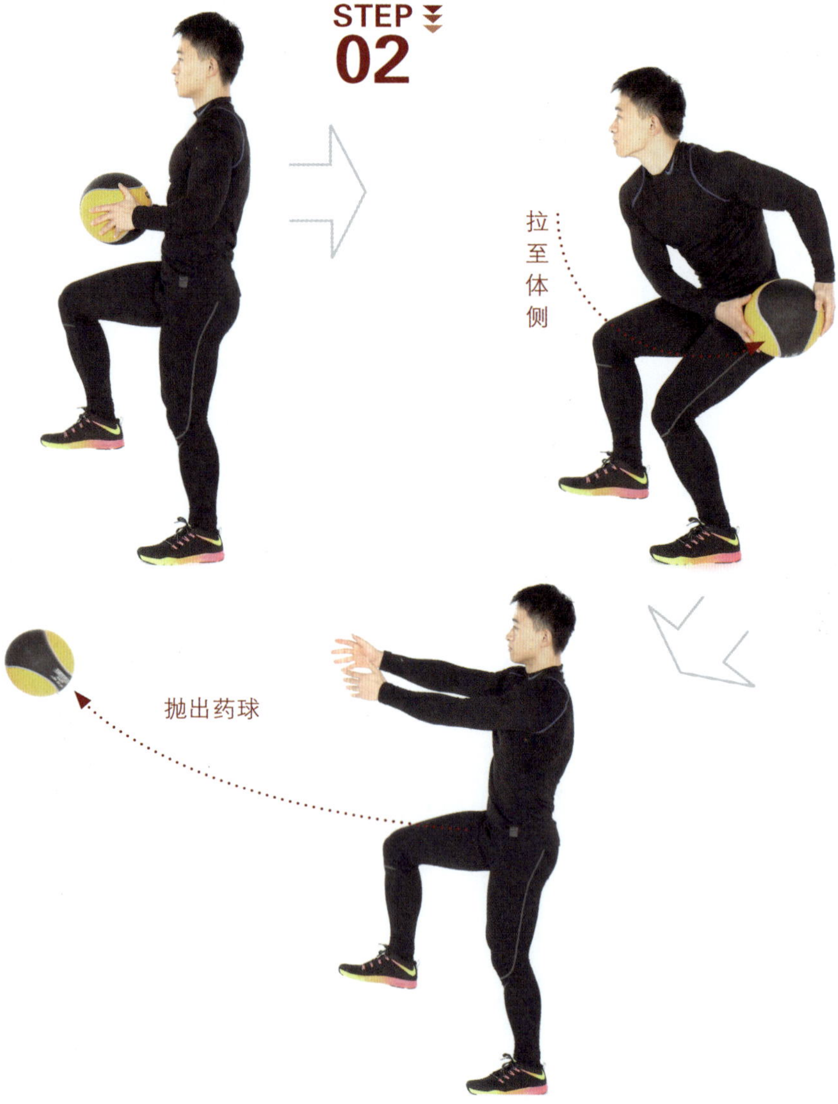

药球－单腿军步－旋转扔球－同侧

Medicine Ball–Standing (Marching Hip Flexion) Rotation and Throw–Ipsilateral

目标肌群

Primary Targets

臀大肌、股四头肌、腹直肌、腹内斜肌、腹外斜肌和肩关节周围肌群

指导要点

Tips

保持核心收紧和身体稳定。

动作步骤 Execution

01 直立，右腿撑地，左膝屈曲并抬至大腿与地面平行，身体挺直。双肘屈曲，手持药球于腹部前方。

02 上半身向左侧旋转，同时右腿略屈髋屈膝，双手持球移至髋部左侧。

03 下肢、髋部和躯干发力，右腿伸髋伸膝，带动上半身转向前方，同时右腿伸直，双手尽可能快速地将药球向前抛出。随后回到起始姿势，重复规定的次数，对侧亦然。

STEP 01

STEP 02

STEP 03

药球 – 分腿姿 – 侧向扔球 – 对侧

Medicine Ball–Split Standing–Lateral Throw–Contralateral

目标肌群

Primary Targets

臀大肌、股四头肌、腹直肌、腹内斜肌、腹外斜肌和肩关节周围肌群

指导要点

Tips

保持核心收紧和身体稳定。

动作步骤 Execution

01 采用分腿站姿，右脚在前，躯干挺直。双肘屈曲，手持药球于腹部前方。

02 略屈髋屈膝，上半身向左侧旋转，同时双手持球移至髋部左侧。

03 下肢、髋部和躯干发力，伸髋伸膝，带动上半身转回至朝向右侧，同时双手尽可能快速地将药球向右抛出。随后回到起始姿势。重复规定的次数，对侧亦然。

STEP 01

STEP 02

STEP 03

药球 – 分腿姿 – 侧向扔球 – 同侧

Medicine Ball–Split Standing–Lateral Throw–Ipsilateral

目标肌群

Primary Targets

臀大肌、股四头肌、腹直肌、腹内斜肌、腹外斜肌和肩关节周围肌群

指导要点

Tips

保持核心收紧和身体稳定。

动作步骤 Execution

01 采用分腿站姿，左脚在前，躯干挺直。双肘屈曲，手持药球于腹部前方。

02 略屈髋屈膝，上半身向左侧旋转，同时双手持球移至髋部左侧。

03 下肢、髋部和躯干发力，伸髋伸膝，带动上半身转向右侧，同时双手尽可能快速地将药球向右抛出。随后回到起始姿势。重复规定的次数，对侧亦然。

STEP 01

STEP 02

STEP 03

药球 – 站姿 – 侧向扔球

Medicine Ball–Standing–Lateral Throw

目标肌群

Primary Targets

臀大肌、股四头肌、腹直肌、腹内斜肌、腹外斜肌和肩关节周围肌群

指导要点

Tips

保持核心收紧和身体稳定。

动作步骤 Execution

01 直立，双脚分开，与肩同宽。双肘屈曲，手持药球于腹部前方。

02 略屈髋屈膝，上半身向左侧旋转，同时双手持球移至髋部左侧。

03 下肢、髋部和躯干发力，伸髋伸膝，带动上半身转向右侧，同时双手尽可能快速地将药球向右抛出。随后回到起始姿势。重复规定的次数，对侧亦然。

STEP 01

STEP 02

STEP 03

药球 – 单腿军步 – 侧向扔球 – 对侧

Medicine Ball–Standing (Marching Hip Flexion)–Lateral Throw–Contralateral

目标肌群
Primary Targets

臀大肌、股四头肌、腹直肌、腹内斜肌、腹外斜肌和肩关节周围肌群

指导要点
Tips

保持核心收紧和身体稳定。

动作步骤 Execution

01 直立，左腿撑地，右腿屈髋屈膝并抬至大腿与地面平行，身体挺直。双肘屈曲，手持药球于腹部前方。

02 上半身向左侧旋转，同时左腿略屈髋屈膝，双手持球移至髋部左侧。

03 下肢、髋部和躯干发力，左腿伸髋伸膝，带动上半身转向右侧，同时左腿伸直，双手尽可能快速地将药球向右抛出。随后回到起始姿势。重复规定的次数，对侧亦然。

STEP 01

STEP 02

STEP 03

药球－单腿军步－侧向扔球－同侧

Medicine Ball–Standing (Marching Hip Flexion)–Lateral Throw–Ipsilateral

目标肌群

Primary Targets

臀大肌、股四头肌、腹直肌、腹内斜肌、腹外斜肌和肩关节周围肌群

指导要点

Tips

保持核心收紧和身体稳定。

动作步骤 Execution

01 直立，右腿撑地，左腿屈髋屈膝并抬至大腿与地面平行，身体挺直。双肘屈曲，手持药球于腹部前方。

02 上半身向左侧旋转，同时右腿略屈髋屈膝，双手持球移至髋部左侧。

03 下肢、髋部和躯干发力，右腿伸髋伸膝，带动上半身转向右侧，同时右腿伸直，双手尽可能快速地将药球向右抛出。随后回到起始姿势。重复规定的次数，对侧亦然。

STEP 01

STEP 02

STEP 03

药球 - 单腿军步 - 过顶扔球

Medicine Ball-Standing (Marching Hip Flexion)-Overhead Throw

目标肌群

Primary Targets

肩关节周围肌群、背阔肌、肱三头肌和核心肌群

指导要点

Tips

保持核心收紧和身体稳定。

动作步骤 Execution

01 直立，左腿撑地，右膝屈曲并抬至大腿与地面平行，身体挺直。双肘屈曲，手持药球于腹部前方。

02 ～ 03

将药球移至头部后方，随后尽可能快速地将药球向前抛出。随后回到起始姿势。重复规定的次数，对侧亦然。

药球－跪姿－胸前推球

Medicine Ball–Kneeling–Chest Pass

目标肌群
Primary Targets

胸大肌、三角肌前束、肱三头肌和核心肌群

指导要点
Tips

核心肌肉收紧，保持身体平衡。

动作步骤 Execution

01 双膝跪于垫上，躯干和大腿垂直于地面。双肘屈曲，手持药球于胸部前方。

02 双手尽可能快速地将药球向前推出。随后回到起始姿势。重复规定的次数。

STEP 01

STEP 02

药球－半跪姿－胸前推球

Medicine Ball-Half Kneeling-Chest Pass

目标肌群

Primary Targets

胸大肌、三角肌前束、肱三头肌和核心肌群

指导要点

Tips

核心肌肉收紧，保持身体平衡。

动作步骤 Execution

01 双膝屈曲90度，右脚在前，左膝跪于垫上，躯干与左腿大腿垂直于地面。双肘屈曲，手持药球于胸部前方。

02 双手尽可能快速地将药球向前推出。随后回到起始姿势。重复规定的次数，对侧亦然。

STEP 01

STEP 02

药球－跪姿－过顶扔球

Medicine Ball–Kneeling–Overhead Throw

目标肌群

Primary Targets

肩关节周围肌群、背阔肌、肱三头肌和核心肌群

指导要点

Tips

核心肌肉收紧，保持身体平衡。

动作步骤 Execution

01 双膝跪于垫上，躯干和大腿垂直于地面。双肘屈曲，手持药球于胸部前方。

02 ～ 03

将药球移至头部后方，随后尽可能快速地将药球向前抛出。随后回到起始姿势。重复规定的次数。

STEP 01

STEP 02

STEP 03

药球 – 半跪姿 – 过顶扔球

Medicine Ball–Half Kneeling–Overhead Throw

目标肌群

Primary Targets

肩关节周围肌群、背阔肌、肱三头肌和核心肌群

指导要点

Tips

核心肌肉收紧，保持身体平衡。

动作步骤 Execution

01 双膝屈曲90度，右脚在前，左膝跪于垫上，躯干与左腿大腿垂直于地面。双肘屈曲，手持药球于胸部前方。

02 ～ 03

将药球移至头部后方，随后尽可能快速地将药球向前抛出。随后回到起始姿势。重复规定的次数，对侧亦然。

STEP 01

STEP 02

STEP 03

药球 – 跪姿 – 旋转扔球

MedicineBall–Kneeling–Rotation and Throw

目标肌群 Primary Targets

臀大肌、腹直肌、腹内斜肌、腹外斜肌和肩关节周围肌群

指导要点 Tips

保持核心收紧和身体稳定。

动作步骤 Execution

01 双膝跪于垫上，躯干和大腿垂直于地面。双肘屈曲，手持药球于胸部前方。

02 重心后移，臀部后坐，上半身向左侧旋转，同时双手持球移至髋部左侧。

03 髋部和躯干发力，伸髋，带动上半身转向前方，同时双手尽可能快速地将药球向前抛出。随后回到起始姿势。重复规定的次数，对侧亦然。

STEP 01

STEP 02

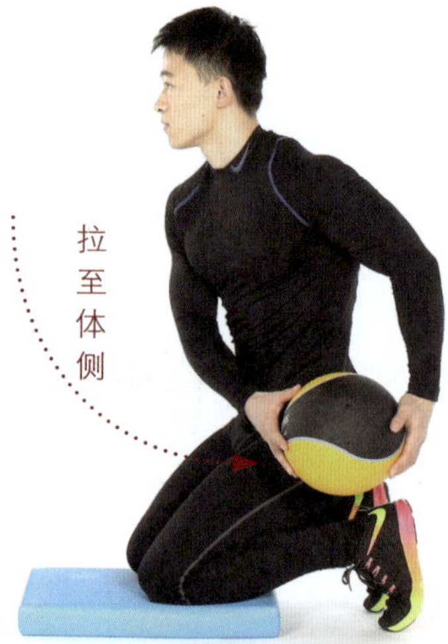

STEP 03

药球 - 半跪姿 - 旋转扔球 - 对侧

Medicine Ball-Half Kneeling-Rotation and Throw-Contralateral

目标肌群
Primary Targets

臀大肌、腹直肌、腹内斜肌、腹外斜肌和肩关节周围肌群

指导要点
Tips

保持核心收紧和身体稳定。

动作步骤 Execution

01 双膝屈曲90度，右脚在前，左膝跪于垫上，躯干与左腿大腿垂直于地面。双肘屈曲，手持药球于腹部前方。

02 上半身向左侧旋转，同时臀部后坐，重心后移，双手持球移至髋部左侧。

03 髋部和躯干发力，伸髋，带动上半身转向前方，同时重心前移，双手尽可能快速地将药球向前抛出。随后回到起始姿势。重复规定的次数，对侧亦然。

STEP 01

STEP 02

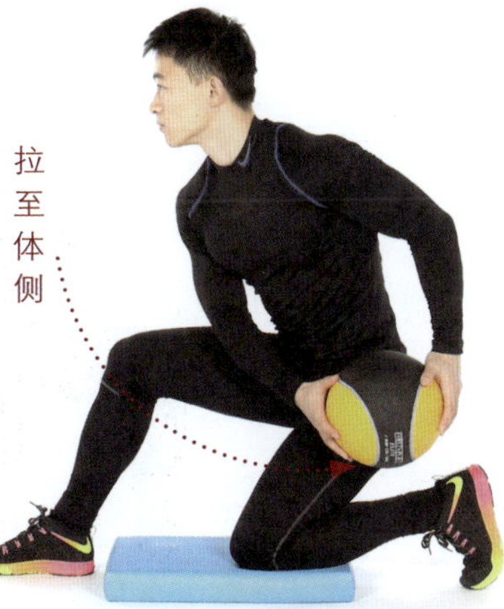

STEP 03

药球 – 半跪姿 – 旋转扔球 – 同侧

Medicine Ball–Half Kneeling–Rotation and Throw–Ipsilateral

目标肌群

Primary Targets

臀大肌、腹直肌、腹内斜肌、腹外斜肌和肩关节周围肌群

指导要点

Tips

保持核心收紧和身体稳定。

动作步骤 Execution

01 双膝屈曲90度，左脚在前，右膝跪于垫上，躯干与右腿大腿垂直于地面。双肘屈曲，手持药球于腹部前方。

02 上半身向左侧旋转，同时臀部后坐，重心后移，双手持球移至髋部左侧。

03 髋部和躯干发力，伸髋，带动上半身转向前方，同时重心前移，双手尽可能快速地将药球向前抛出。随后回到起始姿势。重复规定的次数，对侧亦然。

STEP 01

STEP 02

STEP 03

药球 – 跪姿 – 侧向扔球

Medicine Ball–Kneeling–Lateral Throw

目标肌群
Primary Targets

臀大肌、腹直肌、腹内斜肌、腹外斜肌和肩关节周围肌群

指导要点
Tips

保持核心收紧和身体稳定。

动作步骤 Execution

01 双膝跪于垫上，躯干和大腿垂直于地面。双肘屈曲，手持药球于腹部前方。

02 上半身向左侧旋转，同时屈髋，重心后移，双手持球移至髋部左侧。

03 髋部和躯干发力，伸髋，带动上半身转向右侧，同时双手尽可能快速地将药球向右抛出。随后回到起始姿势。重复规定的次数，对侧亦然。

STEP 01

STEP 02

STEP 03

药球 – 半跪姿 – 侧向扔球 – 对侧

Medicine Ball–Half Kneeling–Lateral Throw–Contralateral

目标肌群

Primary Targets

臀大肌、腹直肌、腹内斜肌、腹外斜肌和肩关节周围肌群

指导要点

Tips

保持核心收紧和身体稳定。

动作步骤 Execution

01 双膝屈曲 90 度，右脚在前，左膝跪于垫上，躯干与左腿大腿垂直于地面。双肘屈曲，手持药球于腹部前方。

02 上半身向左侧旋转，同时屈髋，重心后移，双手持球移至髋部左侧。

03 髋部和躯干发力，伸髋，带动上半身转向右侧，同时双手尽可能快速地将药球向右抛出。随后回到起始姿势。重复规定的次数，对侧亦然。

STEP 01

STEP 02

STEP 03

药球 – 半跪姿 – 侧向扔球 – 同侧

Medicine Ball–Half Kneeling–Lateral Throw–Ipsilateral

目标肌群

Primary Targets

臀大肌、腹直肌、腹内斜肌、腹外斜肌和肩关节周围肌群

指导要点

Tips

保持核心收紧和身体稳定。

动作步骤 Execution

01 双膝屈曲 90 度，左脚在前，右膝跪于垫上，躯干与右腿大腿垂直于地面。双肘屈曲，手持药球于腹部前方。

02 上半身向左侧旋转，同时屈髋，重心后移，双手持球移至髋部左侧。

03 髋部和躯干发力，伸髋，带动上半身转向右侧，同时双手尽可能快速地将药球向右抛出。随后回到起始姿势。重复规定的次数，对侧亦然。

STEP 01

STEP 02

STEP 03

药球 – 俄罗斯旋转 – 侧向抛接球

Medicine Ball–Russian Twist–Lateral Throw and Catch

目标肌群 Primary Targets

腹直肌、腹内斜肌、腹外斜肌

指导要点 Tips

保持核心收紧和身体稳定。

动作步骤 Execution

01 练习者坐于垫上，臀部和脚跟着地。上半身微微转向同伴，双肘屈曲，双手呈接球姿势于胸部右前方，做好接球准备。同伴在练习者右侧，面向练习者站立，手持药球于体前，做好抛球准备。

02 ～ 04

同伴向练习者抛球，练习者双手接球，随后上半身转向左侧，同时手持药球移至髋部左侧。

STEP 01

STEP 02

STEP 03

STEP 04

动作步骤 Execution

05 ～ 06 上半身迅速向身体右侧旋转，同时双手抛球给同伴。

07 同伴双手接球，回到起始姿势。重复规定的次数，对侧亦然。

STEP 05

STEP 06

STEP 07

药球 – 俄罗斯旋转 – 侧向抛接球 – 双脚离地

Medicine Ball–Russian Twist–Lateral Throw and Catch–Lift Feet

STEP 01

STEP 02

STEP 03

STEP 04

STEP 05

目标肌群 Primary Targets

腹直肌、腹内斜肌、腹外斜肌

指导要点 Tips

保持核心收紧和身体稳定。

动作步骤 Execution

01 练习者坐于垫上，臀部着地，脚跟离地。上半身微微转向同伴，双肘屈曲，双手呈接球姿势于胸部左前方，做好接球准备。同伴在练习者左侧，面向练习者站立，手持药球于体前，做好抛球准备。

02 ～ 03 同伴向练习者抛球，练习者双手接球，随后上半身转向右侧，同时手持药球移至髋部右侧。

04 上半身迅速向身体左侧旋转，同时双手抛球给同伴。

05 同伴双手接球，回到起始姿势。重复规定的次数，对侧亦然。

药球 –V 字侧向抛接球

Medicine Ball–V–Lateral Throw and Catch

目标肌群 Primary Targets

腹直肌、腹内斜肌、腹外斜肌、胸大肌、肱三头肌、三角肌前束

指导要点 Tips

保持核心收紧和身体稳定。

动作步骤 Execution

01 练习者坐于垫上，臀部着地，脚跟离地，上半身与大腿呈V字形。双手呈接球姿势于胸部前方，做好接球准备。同伴在练习者正前方，面向练习者站立，手持药球于体前，做好抛球准备。

02 ～ 03

同伴向练习者抛球，练习者双手接球，随后上半身转向左侧，同时手持药球移至髋部左侧。

04 ～ 05

上半身迅速转回面向同伴，同时双手抛球给同伴。

06 同伴双手接球，回到起始姿势。两侧交替重复规定的次数。

STEP 01

STEP 02

STEP 03

STEP 04

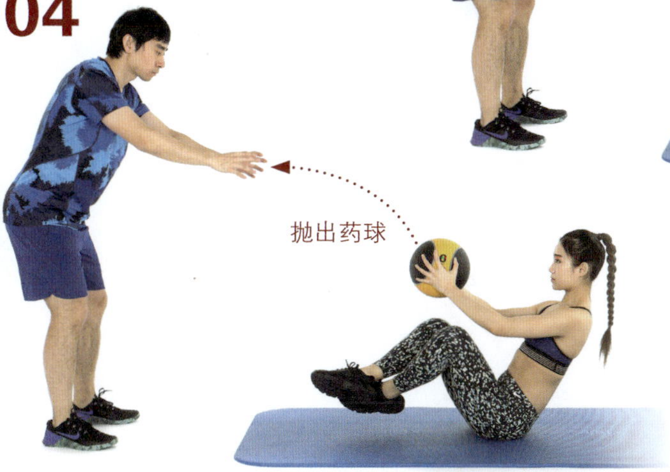

STEP 05

STEP 06

药球 –V 字胸前抛接球

Medicine Ball–V–Throw and Catch–Front Chest

目标肌群
Primary Targets
腹直肌、胸大肌、肱三头肌、三角肌前束

指导要点
Tips
保持核心收紧和身体稳定。

动作步骤 Execution

01 练习者坐于垫上，臀部着地，脚跟离地，上半身与大腿呈V字形。双手呈接球姿势于胸部前方，做好接球准备。同伴在练习者正前方，面向练习者站立，手持药球于体前，做好抛球准备。

02 ～ 03
同伴向练习者抛球，练习者双手接球。

04 练习者双手推球给同伴。同伴双手接球，回到起始姿势。重复规定的次数。

STEP 01

STEP 02

STEP 03

STEP 04

药球－仰卧－胸前推接球

Medicine Ball–Lying–Push and Catch–Front Chest

目标肌群

Primary Targets

胸大肌、三角肌前束和肱三头肌

指导要点

Tips

练习者和同伴注意力集中，高度协调配合。

动作步骤 Execution

01 练习者仰卧于垫上。双手呈接球姿势于胸部上方，做好接球准备。同伴站立在练习者头顶处的跳箱上，手持药球于练习者双手的正上方，做好准备。

02 ～ 03

同伴松手，使药球自然下落，练习者双手接球。

04 练习者双手推球给同伴。同伴双手接球，回到起始姿势。重复规定的次数。

STEP 01

STEP 02

STEP 03

STEP 04

药球－仰卧起坐－胸前抛接球

Medicine Ball–Sit Up–Throw and Catch–Front Chest

目标肌群
Primary Targets
腹直肌、胸大肌、三角肌前束和肱三头肌

指导要点
Tips
保持核心收紧。

动作步骤 Execution

01 练习者坐于垫上，双腿伸直，上半身挺直。双手呈接球姿势于胸部前方，做好接球准备。同伴在练习者正前方，面向练习者站立，手持药球于体前，做好抛球准备。

02 ～ 04
同伴向练习者抛球，练习者双手接球后，手持药球移至胸部前方，上半身顺势向后至仰卧于垫上。

STEP 01

STEP 02

STEP 03

STEP 04

05 ～ 07 练习者腹部发力并快速起身，同时双手抛球给同伴。

08 同伴双手接球，回到起始姿势。重复规定的次数。

STEP **05**

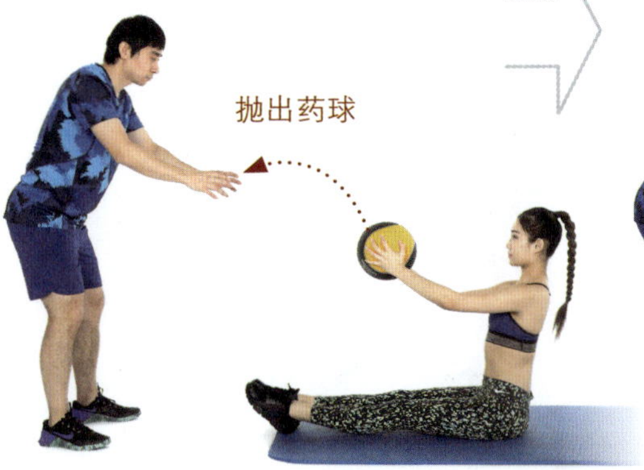

STEP **06**

STEP **07**

STEP **08**

药球 – 仰卧起坐 – 过顶抛接球

Medicine Ball–Sit Up–Overhead Throw and Catch

目标肌群
Primary Targets
腹直肌、背阔肌、肱三头肌和肩关节周围肌群

指导要点
Tips
保持核心收紧。

动作步骤 Execution

01 练习者坐于垫上，双腿伸直，上半身挺直。双手呈接球姿势于胸部前方，做好接球准备。同伴在练习者正前方，面向练习者站立，手持药球于体前，做好抛球准备。

02 ～ 04
同伴向练习者抛球，练习者双手接球后，手持药球移至头顶，上半身顺势向后至仰卧于垫上。

STEP 01

STEP 02

STEP 03

STEP 04

05 ～ 07 练习者腹部发力并快速起身，同时双手抛球给同伴。

08 同伴双手接球，回到起始姿势。重复规定的次数。

STEP 05

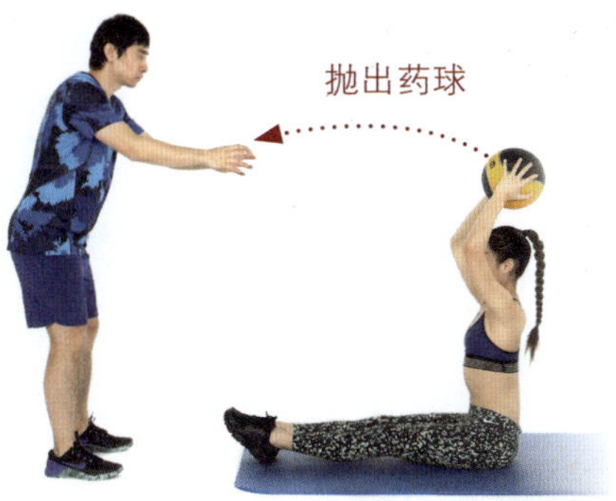

STEP 06

STEP 07

STEP 08

药球 - 瑞士球 - 臀桥 - 侧向抛接球

Medicine Ball-Stability Ball-Glute Bridge-Lateral Throw and Catch

STEP 01

STEP 02

STEP 03

STEP 04

STEP 05

STEP 06

目标肌群

Primary Targets

臀大肌、腹直肌、腹内斜肌、腹外斜肌和肩关节周围肌群

指导要点

Tips

保持躯干和大腿呈一条直线。

动作步骤

Execution

01 练习者上背部撑于瑞士球上，双脚撑于地面，双膝屈曲约90度，使大腿和躯干呈一条直线。上半身微微转向同伴，双臂伸直，双手呈接球姿势于胸部右前方，做好接球准备。同伴在练习者右侧，面向练习者站立，手持药球于体前，做好抛球准备。

02 ～ 03 同伴向练习者抛球，练习者双手接球，随后上半身转向左侧，同时手持药球移至左侧，双臂仍保持伸直。

04 ～ 05 练习者上半身转回面向上方，同时双手抛球给同伴。

06 同伴双手接球，回到起始姿势。重复规定的次数，对侧亦然。

第5章

训练计划

训练计划制定原则

（1）在设计训练计划之前，应该了解练习者的需求并对其进行全面的身体评估。一般情况下，需求包括训练目标、训练量、训练强度、训练频率及训练时间等；身体评估包括基本健康状况（是否有损伤及损伤的原因）、当前身体状态及运动表现能力等。训练需求和身体测试结果的评估与分析将直接影响训练计划的制定与实施。

（2）计划要全面均衡，各项身体素质（力量、耐力、柔韧性和灵活性等）的动态、静态练习以及开链和闭链练习都要涉及。此外，身体上下肢、前后侧以及躯干部位的训练都要包含在计划内，避免不平衡训练带来的动作模式欠佳、不良体态及运动损伤等。

（3）采用适当的训练量和强度，对训练计划的关键变量（如训练组数、重复次数、间歇时间、训练频率及负荷）要严格监控。

（4）计划要具有进阶性，训练应该从简单到复杂，根据身体对训练刺激的适应程度循序渐进。进阶则意味着进步，通过调整训练变量来逐渐提高练习者的身体素质。

训练节奏与间歇

训练动作固然重要，但训练时的动作节奏与间歇时间也是成功与否的关键。我们通常把动作节奏定义为某些数字，如果动作的离心阶段是2秒，等长阶段是2秒，向心阶段是1秒，则表示为2-2-1。例如，进行深蹲练习时，身体从站姿向下蹲的过程为2秒，到达最低位置时保持2秒，从深蹲姿势到站立过程为1秒。训练目的不同，动作节奏也不同。

间歇时间是指两组练习之间或者两个动作之间的间隔时间。间歇时间的长短取决于训练目标、训练强度和训练状态等。当练习者逐渐适应了训练计划以后，就可以缩短组间或者动作之间的休息时间，从而提高训练强度。如果我们采用更大的训练负荷时，那么间歇时间会相应的增加，让机体有更充分的恢复时间，这样能够有效地避免过度训练以及可能带来的运动损伤。

推的动作模式训练计划

训练目的：强化推的动作模式，提高动力链的传递效率；同时可以改善神经募集肌肉的能力和肌肉的适应性水平，进而提高上肢的力量和爆发力。

动作	组数	次数或时长	练习节奏	间歇时间	页码
 药球－站姿－胸前推球	3 组	6 ~ 8 次	有控制、中至快速	60 秒	59
 药球－分腿姿－胸前推球	4 组（左右两侧各 2 组）	6 ~ 8 次	有控制、中至快速	60 秒	58
 药球－单腿军步－胸前推球	4 组（左右两侧各 2 组）	6 ~ 8 次	有控制、中至快速	60 秒	61
 药球－蹲姿－胸前推球	3 组	6 ~ 8 次	有控制、中至快速	60 秒	60

（续表）

动作	组数	次数或时长	练习节奏	间歇时间	页码
 药球－半跪姿－胸前推球	4组（左右两侧各2组）	6～8次	有控制、中至快速	60秒	77
 药球－跪姿－胸前推球	3组	6～8次	有控制、中至快速	60秒	76

注：练习推的动作模式初期，练习节奏缓慢，推球速度中等。当熟悉掌握推的动作时，可以加快推的速度，锻炼上肢推的爆发力。

投掷的动作模式训练计划

训练目的：强化投掷的动作模式，提高上肢力量发展的效率；同时，在稳定动作模式基础上，可以提高上肢的力量和爆发力，进而提升篮球头顶传球、足球线外发球、排球和羽毛球扣杀等动作的运动表现。

动作	组数	次数或时长	练习节奏	间歇时间	页码
 药球－站姿－过顶扔球	3组	6～8次	有控制、中至快速	60秒	63

（续表）

动作	组数	次数或时长	练习节奏	间歇时间	页码
 药球－分腿姿－过顶扔球	4组（左右两侧各2组）	6～8次	有控制、中至快速	60秒	62
 药球－单腿军步－过顶扔球	4组（左右两侧各2组）	6～8次	有控制、中至快速	60秒	75
 药球－蹲姿－过顶扔球	3组	6～8次	有控制、中至快速	60秒	64
 药球－半跪姿－过顶扔球	4组（左右两侧各2组）	6～8次	有控制、中至快速	60秒	79

（续表）

动作	组数	次数或时长	练习节奏	间歇时间	页码
 药球－跪姿－过顶扔球	3 组	6 ~ 8 次	有控制、中至快速	60 秒	78

注：练习投掷的动作模式初期，练习节奏缓慢，投掷球速度中等；练习投掷的动作模式后期，在动作稳定的情况下，练习有节奏且快速地推球。

旋转侧抛的动作模式训练计划

目的：强化核心旋转的动作模式，提高躯干的稳定控制能力和动力链的传递效率；同时，在稳定动作模式基础上，可以提高核心的旋转力量和旋转爆发力，进而提升网球和棒球击球等动作的运动表现。

动作	组数	次数或时长	练习节奏	间歇时间	页码
 药球－站姿－侧向扔球	6 组（左右两侧各 3 组）	6 ~ 8 次	有控制、中至快速	60 秒	72
 药球－分腿姿－侧向扔球－对侧	4 组（左右两侧各 2 组）	6 ~ 8 次	有控制、中至快速	60 秒	70

（续表）

动作	组数	次数或时长	练习节奏	间歇时间	页码
 药球 – 分腿姿 – 侧向扔球 – 同侧	4 组（左右两侧各 2 组）	6 ~ 8 次	有控制、中至快速	60 秒	71
 药球 – 单腿军步 – 侧向扔球 – 对侧	4 组（左右两侧各 2 组）	6 ~ 8 次	有控制、中至快速	60 秒	73
 药球 – 单腿军步 – 侧向扔球 – 同侧	4 组（左右两侧各 2 组）	6 ~ 8 次	有控制、中至快速	60 秒	74
 药球 – 半跪姿 – 侧向扔球 – 对侧	4 组（左右两侧各 2 组）	6 ~ 8 次	有控制、中至快速	60 秒	84
 药球 – 半跪姿 – 侧向扔球 – 同侧	4 组（左右两侧各 2 组）	6 ~ 8 次	有控制、中至快速	60 秒	85

（续表）

动作	组数	次数或时长	练习节奏	间歇时间	页码
 药球－跪姿－侧向扔球	6组（左右两侧各3组）	6～8次	有控制、中至快速	60秒	83

注：练习旋转侧抛的动作模式初期，练习节奏缓慢，抛球速度中等；练习旋转侧抛的动作模式后期，在动作稳定的情况下，练习有节奏且快速地抛球。

核心激活训练计划

目的：改善脊椎的灵活性和核心肌群的募集程度，进而提高核心的控制能力和动作的传递效率，为训练做好准备。

动作	组数	次数或时长	练习节奏	间歇时间	页码
 药球－侧卧－直臂转髋	4组（左右两侧各2组）	6次	有控制、中速	10秒	39
 药球－平板支撑	2组	20秒	静态保持	20秒	35
 药球－平板支撑－髋内收肌挤压练习	2组	20秒	静态保持	20秒	38

（续表）

动作	组数	次数或时长	练习节奏	间歇时间	页码
 药球－单腿平板支撑	4组（左右两侧各2组）	10秒	静态保持	20秒	36
 药球－单手平板支撑	4组（左右两侧各2组）	10秒	静态保持	20秒	37

核心爆发力训练计划

目的：通过不同体位和不同方位的药球核心训练，加强核心的爆发力和控制能力，提高神经肌肉系统的敏感性和协调能力。

动作	组数	次数或时长	练习节奏	间歇时间	页码
 药球－V字胸前抛接球	3组	8次	有控制、快速	120秒	92
 药球－V字侧向抛接球	6组（左右两侧各3组）	8次	有控制、快速	120秒	90

（续表）

动作	组数	次数或时长	练习节奏	间歇时间	页码
 药球 – 仰卧起坐 – 过顶抛接球	3 组	8 次	有控制、快速	120 秒	96
 药球 – 俄罗斯旋转 – 侧向抛接球 – 双脚离地	6 组（左右两侧各 3 组）	8 次	有控制、快速	120 秒	88
 药球 – 跪姿 – 过顶扔球	3 组	8 次	有控制、快速	120 秒	78
 药球 – 跪姿 – 侧向扔球	6 组（左右两侧各 3 组）	8 次	有控制、快速	120 秒	83

肩部力量训练计划

目的：强化肩关节周围肌肉群的力量，改善肩关节的活动度，预防肩关节损伤的发生，同时为上肢的力量训练提供稳定的支撑。

动作	组数	次数或时长	练习节奏	间歇时间	页码
 药球－靠墙画圈	6组（每个方向各3组）	10次	有控制、中速	30秒	20
 药球－站姿－胸前画圈	6组（每个方向各3组）	10次	有控制、中速	30秒	16
 药球－站姿－胸前8字环绕	4组（每个方向各2组）	10次	有控制、中速	30秒	14
 药球－单腿站姿－胸前8字环绕	4组（每个方向各2组）	10次	有控制、中速	30秒	15

上肢和胸部力量训练计划

目的：通过俯卧上肢推的动作练习，募集更多的胸大肌、肱三头肌、三角肌前束和前锯肌的肌纤维参与运动，强化上肢和胸部的肌肉力量，塑造上肢和胸部的肌肉形态。

动作	组数	次数或时长	练习节奏	间歇时间	页码
 药球 – 双球俯卧撑	3 组	12 次	有控制、中速	60 秒	33
 药球 – 单球俯卧撑	3 组	10 次	有控制、中速	60 秒	30
 药球 – 单球交替俯卧撑	4 组（左右两侧各 2 组）	8 次	有控制、中速	60 秒	32
 药球 – 单球脚撑俯卧撑	3 组	12 次	有控制、中速	60 秒	34

下肢力量训练计划

目的：强化蹲的动作模式，提高下肢动作的控制和稳定能力，均衡下肢力量的发展，改善下肢力量水平，为跑得更快、跳得更高和站得更稳夯实基础。

动作	组数	次数或时长	练习节奏	间歇时间	页码
 药球－前弓步走	4组（左右两侧各2组）	10次	有控制、中速	60秒	21
 药球－弓步－躯干旋转	4组（左右两侧各2组）	10次	有控制、中速	60秒	24
 药球－椅式深蹲	3组	12次	有控制、中速	60秒	40

（续表）

动作	组数	次数或时长	练习节奏	间歇时间	页码
 药球 – 深蹲	3 组	12 次	有控制、中速	60 秒	25
 药球 – 相扑深蹲 – 过顶上举	3 组	12 次	有控制、中速	60 秒	19

全身力量训练计划

目的：通过全身整合的力量练习，提高全身的力量水平，改善上下肢的力量传递效率和协调工作能力，进而提升整体的运动表现水平；同时，全身的参与可以大量消耗热量，达到减重减脂的效果。

动作	组数	次数或时长	练习节奏	间歇时间	页码
 药球 – 相扑深蹲 – 过顶上举	4 组	10 次	有控制、中速	120 秒	19

（续表）

动作	组数	次数或时长	练习节奏	间歇时间	页码
 药球－过顶下砍	4组	10次	有控制、中速	120秒	12
 药球－站姿－旋转推举－对角线	6组（左右两侧各3组）	10次	有控制、中速	120秒	13
 药球－站姿－旋转过顶砸球	6组（左右两侧各3组）	10次	有控制、中速	120秒	50
 药球－波比跳	4组	10次	有控制、中速	120秒	28

高强度间歇训练计划

目的：通过高强度间歇练习，提高人体的无氧工作能力，改善高强度的运动表现能力；同时，消耗大量热量，达到减重减脂的效果。

动作	组数	次数或时长	练习节奏	间歇时间	页码
 药球 – 站姿 – 过顶砸球	2 组	10 次	有控制、快速	10 秒	54
 药球 – 深蹲跳	2 组	10 次	有控制、快速	10 秒	18
 药球 – 相扑深蹲 – 过顶上举	2 组	10 次	有控制、快速	10 秒	19

（续表）

动作	组数	次数或时长	练习节奏	间歇时间	页码
 药球－弓步交换跳	2组	10次	有控制、快速	10秒	22
 药球－站姿－旋转过顶砸球	4组（左右两侧各2组）	10次	有控制、快速	10秒	50
 药球－波比跳	2组	10次	有控制、快速	10秒	28

作者简介

朱昌宇

武汉体育学院体育教育训练学硕士；国家体育总局训练局体能康复中心体能训练师；获得美国国家运动医学学会纠正性训练专家（NASM-CES）、MJP青少年运动表现训练专家（MJP-CNDS）认证；曾任中国国家跳远队、中国U18和U19国家青年男子篮球队、中国女子乒乓球队、广州市乒乓球队和武汉市消防支队等多支队伍的体能教练。

在线视频访问说明

本书提供了最后一章训练计划的在线视频，您可通过微信“扫一扫”，扫描下方的二维码进行观看。

步骤 1

点击微信聊天界面右上角的“+”，弹出功能菜单（图 1）。

步骤 2

点击弹出的功能菜单上的“扫一扫”，进入该功能界面，扫描右侧的二维码。

步骤 3

如果您未关注微信公众号“人邮体育”，扫描后会出现“人邮体育”的二维码。请根据说明关注“人邮体育”，并点击“资源详情”（图 2），观看视频（图 3）。

如果您已关注微信公众号“人邮体育”，扫描后可直接观看视频（图 3）。

图 1

图 2

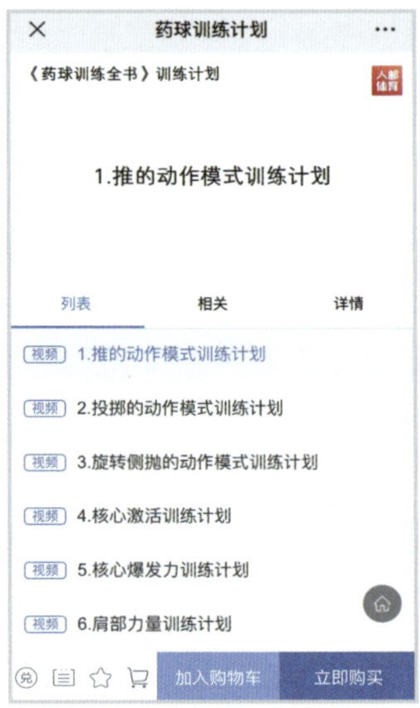

图 3